認識黑名是在2019年的初冬。

當時他以室內設計師的身分，出現在鄰居家的作品得獎分享會上，靦腆的外表輕聲講述設計理念與得獎過程，眼前這位如此有才華的台南子弟，低調的讓人無法與他的設計作品聯想在一起。

之後得知，他長期在平面媒體發表針貶時事的政治漫畫，運用個人的繪畫專才及對台灣政治的關心，以一針見血的方式，在詼諧中表達了對時事的精準見解與嘲諷。

距離上次出書已相隔七年了。

七年來台灣的政治環境日益險峻，媒體的形式越趨多元，網路資訊充斥著帶風向與假訊息讓人驚心動魄。然而黑名持續以他溫柔的心來愛這片土地，用他最擅長的漫畫來關心台灣未來。

本書集結了黑名的平面媒體發表作品，及粉專和網友議題互動的對話。在台灣自由多元的平台中，看到許多年輕人關注時事，也持續關心台灣的未來，心中非常喜悅。

《總統府資政/葉菊蘭》

2023.03.12

你有沒有看過豐島美術館?
在瀨戶內海,一座沒有館藏展品的美術館。

《照片來源:豐島美術館》

2015年,黃厚銘來到這裡,看著、看著,就哭了起來!泣不成聲。
他說那是藝術的感動。或許是。我懂那種心裡一個小小、小小的角
落,被一幅畫、一首歌、一座雕塑衝擊、撞開,然後像曾文水庫洩
洪般的情緒。但是,應該不只藝術的感動,應該還有些甚麼被自己
企圖遺忘的東西。

這個黃厚銘,待解。

這個黃厚銘,長年被延伸觸角纏繞,包圍,成為一個美麗、巨大的
繭,上面掛滿室內設計成品美圖,iF DESIGN AWARD 2019德國,A'
DESIGN AWARD WINNER 2019義大利,閃閃發光!然後,他把這些獎
章放在廁所,說他的夢想是設計「一間房子就一盞燈」。

這個美麗的繭,頂端是一面八仙彩,大大四個字「疫情退散」。這
面八仙彩,彷彿是延伸觸角與Tainan黑名兩個宇宙的交會點,一腳
跨過,就到了圖像版包可華世界,不開口的名嘴,冷嘲熱諷隨他高
興,卻又用了很多黃色小鴨溫暖色調,令人迷惑、喜歡。

Tainan黑名曾經是，至少至少相當接近街頭衝組。在馬英九邀請陳雲林來訪，警察沒收中華民國國旗的時候，他在街上跟著大家衝撞到三更半夜。

從2008的憤怒，到2022「疫情退散」的共感，這個野百合學運世代的民間版，在他身上，在他漫畫裡，留下很多時代印記。

這面八仙彩，更是黃厚銘與黃矮的時光機器，他清理了曾祖父廟寺雕梁畫棟的厚厚灰塵，細心修復，然後在六甲古厝公開展出，藏不住老台南低調的驕傲。

他在八○年代瘋狂、燦爛的台灣成長，用漫畫寫青春日記，一路到今天，三次政黨輪替，中華民國（？）裡偶爾失神的無語，南征北討的美食團成員……，黃厚銘／延伸觸角／Tainan黑名畫的，恐怕不只是這本書，而是我們之中很多很多人吧！

《自由時報讀者/資深好友》

2023.03.28

政治漫畫是針砭時事很有力量的工具。在方寸之間透過圖像直球對決,用諷刺的手法表達觀點,引人發笑的同時也觸動深思。閱讀的不只是眼前的漫畫,更能引導觀者進一步揣度所處時空的政治環境,走進公共事務的思考;當體會到那些可笑甚至荒謬事件背後形成的關鍵,更可能是笑著笑著就哭了。

認識黑名大大時間並不長,但透過他的漫畫深刻感受到他對時局的關心。在這個網路的世界,幸運地能看見許多人對於台灣政治的觀點,透過虛擬的討論,甚至發展出實體行動,一起去推進台灣實質的進步;而每一位用文字、圖像、用社群的串連、活動的號召,種種方式推動台灣前進的推手,他們的努力都讓人敬佩。

看過黑名寫過一篇「如果我可以早點清醒的話」,非常有感。在國民黨來到這個島嶼,以制約台灣人思考的殖民手段,透過二二八的種族清洗和白色恐怖,長達38年的戒嚴讓台灣人不敢公開討論所謂「眾人之事」的政治,更因為黨國的扭曲,甚至讓很多人不清楚是許多被污名化為叛亂份子的民主前輩,前仆後繼反抗才有現在的言論自由空間。

或許正如黑名自陳的,支持這些圖像創作的背後是一種懺悔,為了導正以往被黨國教育扭曲的視角而努力。對身同世代的我來說,非常能體會這樣的心情。盼望能越來越多人找回自己的台灣人認同,用清明的視線去閱讀我們安身立命的島嶼;讓我們一起用這樣的努力,把想像的共同體凝聚起來,走向一個以台灣為名的國家,讓台灣成為台灣人的台灣!

《默契咖啡/老丹》

2023.04.27

CONTENTS
目 錄

2020 COVID-19

2021.05.18

 Chueh Yu Yang
謝謝小編,可以借分享嗎
1年 讚 回覆 隱藏   1👍

　　✐作者
　　Tainan黑名
　　Chueh Yu Yang 請～
　　1年 讚 回覆   1👍

請政府趕緊進口疫苗,就不
需手足無措抗疫。注射疫
苗,主動抗疫。沒疫苗,就
只能被動隔離抗疫。
1年 讚 回覆 隱藏   1👍

2021.06.02

👑 頭號粉絲
黃世超
中國~國民黨
1年 讚 回覆 隱藏   1

刺的不止 kmter
還有 4%仔、白坆屎袋力量

Steven Ku
真的寫實
1年 讚 回覆 隱藏   2

✎ 作者
Tainan 黑名
寫實到差點爆三字經了⋯
1年 讚 回覆   11

2020.03.07

2021.06.20

2021.06.30

👑 頭號粉絲
虎男阿川
我們是熊弟！

👑 頭號粉絲
黃世超
鷹熊 熊弟們一起上 👍

1年　讚　回覆　隱藏

黃厚銘
黃世超 好！我們一起！

2020.03.14

2020.02.21

♔ 頭號粉絲
黃世超
是我們台灣人運氣好, (韓國
今日確診571例)
1年 讚 回覆 隱藏　　2💬

Gloj Lin
早安黑名哥

♔ 頭號粉絲
黃敏惠
當家真是難為～
小英總統與蘇院長，您們辛
苦了！
同時，也謝謝執政團隊所有
無名英雄們的努力。
1年 大心 回覆 隱藏　　2💬💬

Tainan 黑色 2021.01.31

在這四人加入之前輸出全靠佩琪。

2年　讚　回覆　隱藏　　1

黃厚銘
接力賽

⊕ 頭號粉絲
黃世超
做到流汗，齁糞掃琅嫌到流涎

2年　讚　回覆　隱藏　　1

2021.01.03

Chueh Yu Yang
又看到媽寶的媽在廣播台哭
訴元旦的事，我就想說，這
家人怎麼都這幅德性~~
1年 讚 回覆 隱藏　　　　5

毫無作為的八年
有啦！口水特多
1年 讚 回覆 隱藏　　　　6

留言……

2022.06.27

2022.06.03

 林楹棟
不理，也亂，理他，更亂！
40週　讚　回覆　隱藏　　　5

追蹤
醫師說..........你的症狀太危
險,回家之後要連續甲賽七七
49天........

 Harris Chang
這個巨嬰應該打「科興疫
苗」才有效。
送去中國上海隔離，餓三個
月也餓不死。
40週　讚　回覆　隱藏　　　5

2022.03.10

2022.05.13

雷文騰
到底是怎麼畫出這個的阿
哈哈哈哈
1年 讚 回覆 隱藏　　3

✎作者

Tainan 黑名
雷文騰 就…「頭殼裝屎

啊」阮細漢就讀冊攏讀對
尻脊骿去啊 XD
1年 讚 回覆　　8

Harris Chang
難怪柯屁發的電有臭味。
1年 讚 回覆 隱藏　　2

2021.07.08

2021.07.02

 黃偉哲 ✔ ・追蹤
欸不是，我的眉毛有這樣？
1年 讚 回覆 隱藏　763 😈📷

要是柯有95分
那台南高雄已200分了.
1年 讚 回覆 隱藏　1😈

 ✎作者
Tainan黑名
黃偉哲 我觀察你很久了
1年 讚 回覆　77 😈📷

忘記說總分990！
1年 讚 回覆 隱藏　1😈

2022.06.25

2022.05.02

2022.05.07

⚑ 頭號粉絲
Shihhsun Lin
還有一個民眾黨，整天只想
跟中央唱反調
45週 讚 回覆 隱藏　　2💬

Harris Chang
聽說小安安民調遙遙領先對

手，難怪他笑得如此開心。
不知道那個多事者在老K的
民調中心偷放竊聽器，結果
黃呂女士的聲音很清晰：
為了激勵黨的士氣，這個民
調數字要大大的調整一
下……

2021.09.02

台灣是一個民主自由國家，
需要的有一理性監督的反對
黨，而不是反對台灣的黨！

1年 讚 回覆 隱藏 5

 Chueh Yu Yang 已回覆 · 1則回覆

林楹棟
掛兩蔣，賣的是維尼？今日
的國民黨！

1年 讚 回覆 隱藏 4

言若冰
執政時沒烘乾，在野時下三濫，
中國国民党是也

2021.07.10

《疫情退散八仙彩》 文◎王昭霞

新冠肺炎COVID-19襲台至今，疫情已延燒三級警戒持續中，人們心緒浮動終日惶惶不安，生活受到影響者不知凡幾。

好友漫畫家Tainan黑名為了撫慰親友，將多年前臨摹曾祖父黃矮（日治時期傳統民宅彩繪畫師）的舊作，轉換成「疫情退散」八仙彩。

新居落成或婚姻喜宴，習俗會掛上「八仙綵」來增添喜氣、祈求吉利，民俗中更有化煞開運、招財進寶的傳統意義。

畫面中的八個人物在漫畫家的筆下，或擠眉弄眼、或咧嘴吐舌，單眼四眼翻白眼，甚至還把內褲當口罩來防疫的逗趣手法，讓人莞爾一笑！而從人物身形、持有的寶物法器或坐騎，依舊可對應傳統中的八位仙人，越看越有趣呢！

一開始只出現在台南的這條「疫情退散」八仙彩，經過網路的分享轉發，現已於全台的餐飲、攤商、宮廟和住家...造成熱烈迴響。

漫畫家其輕鬆幽默的圖像，獨樹一幟的風格，呼應時事的手法中，更承載著傳統民俗中避邪和吉慶的意義，除了安定人心，也是全台人們的期盼：疫情早日退散，生活恢復日常。

（作者為視覺藝術碩士，現任教職）

「聚珍臺灣」限量訂購：
https://www.facebook.com/193577570812069/
posts/1916653025171173/?d-n

Gloj Lin
感謝黑名大大！
1年 讚 回覆 隱藏　　　1

頭號粉絲
釋法融
好想要！謝謝版主！上一批錯過了，扼腕

許家榮
收到了......疫情退散

2020
總統選舉

2019.07.05

⊕ 頭號粉絲
黃世超
1/11 再忙再遠也一定一定要
回去投票
3年　讚　回覆　隱藏　　　　1

⊕ 頭號粉絲
黃世超

2019.06.15

 Chueh Yu Yang
真的是看不懂一群沒顏值又
老的老男人整天在忙什麼戲
碼

3年　讚　回覆　隱藏　　　1😊

 ✿頭號粉絲
黃世超
中華民國萬歲～這口號是用
來騙票的

3年　讚　回覆　隱藏　　　2👍👍

 Chueh Yu Yang
台灣萬歲！

2019.10.16

Chueh Yu Yang
這個蠢蛋還想叫小英跟他辯論兩岸。。。他真的不知道自己有多笨。

3年 讚 回覆 隱藏 　　　1👍

中 頭號粉絲
黃世超

3年 讚 回覆 隱藏 　　　1👍

2019.06.28

2019.07.03

廖家宏
中國當權者對後者應該只會笑看前朝事,畢竟還有利於他們對台灣的掌控。
3年 讚 回覆 隱藏　　　1👍

Chueh Yu Yang
直接鞭刑他,讓他屁股開花!
3年 讚 回覆 隱藏　　　1👍

2020.05.22

 Hector Liu
哈哈哈😆
的確都沒出ㄒㄧˊ

ㄟ……那包垃圾袋？！
2年　讚　回覆　隱藏　　2😊

 洪瑞國
Hector Liu 你好壞但我喜
歡

📷 留言……　　　　😀 GIF ☺

2020.01.12

Chueh Yu Yang
有人說想移民耶～這怎麼可能團結

3年 讚 回覆 隱藏

張小均
XDDDDDD

3年 讚 回覆 隱藏 　　1

2021 四大公投

2021.11.13

2021.10.30

國民黨真的是來亂的!為了奪回執政權,政黨及個人利益,不擇手段,附隨中國,要弄垮台灣,國民黨不倒!台灣真的不會好!

1年　讚　回覆　隱藏

黃世超
核四過去15年給搞掉3000億,沒賣一度電,現在國民黨想重啟核四,如法炮製再搞~> 3000億嗎?

1年　讚　回覆　隱藏

2021.11.04

請問圖可以用嗎?
1年 讚 回覆 隱藏　　　4

作者
Tainan 黑名
　　　　　直接分享或標註
來源處

寧可買空氣清靜機也不要核
廢料...
1年 讚 回覆 隱藏　　　46

Harris Chang
人都還在,因為吃了核廢
料,變透明人了。

2021.11.24

巧芯說核廢料其實很少可以放在核電廠裡就好,那放在蘭嶼的是?

1年　讚　回覆　隱藏

 頭號粉絲
黃世超
三接.接電力,三接遷移~不同意

1年　讚　回覆　隱藏　　　1👍

2021.11.25

林楹棟
國民黨危害台灣，阻礙台灣
發展，決不放棄任何機會！
1年　讚　回覆　隱藏 1

Harris Chang
甲你講啦，阮國民黨就是袜
來亂的啦，啊無你是袜按
怎？
1年　讚　回覆　隱藏 3

2021.12.15

只缺東風
1年 讚 回覆 隱藏　　1

✏作者
Tainan黑名
　　　牌被發現了

Chun Wei Huang
下面那個徐耀昌？！？
1年 讚 回覆 隱藏　　1

Khô Gôan Hô
多了個苗栗徐耀昌也是不表
態
1年 讚 回覆 隱藏　　1

2021.12.19

Leo Li
他還在妄想搞死民進黨2024
就是他的
1年 讚 回覆 隱藏

葉葉
他只能作夢了
1年 讚 回覆 隱藏

猴子 在豬圈裡叫 一群成天作
夢的豬 起床，
叫得起來 才有鬼 ...
1年 讚 回覆 隱藏

2021.12.13

Harris Chang
馬說：好里加在，「藍佛」
不但還在，好像有點
「腫」。
1年 讚 回覆 隱藏　　1👍

⚑ 頭號粉絲
黃世超

張浣熊
馬先生在美國學到鹿茸是鹿
耳朵裏面的毛，如果這不是
毛，那什麼才是毛，割了眼
袋，忘記順便割腦袋....
1年 讚 回覆 隱藏　　1👍

2021.11.21

2021.12.04

難道是在美國吃美豬，有縮
起來了嗎？
勇敢站出來證實吧！

✎作者
Tainan 黑名
笑死

❶ 頭號粉絲
黃世超
自 110/1/1～110/5/6 所有進口
美豬都沒有萊劑檢出

2021.11.03

👑 頭號粉絲
施峻翔
先來一碗壓壓驚😄
1年 讚 回覆 隱藏　　2👍😋

黃韋傑
要4個不同意
1年 讚 回覆 隱藏　　2👍

Harris Chang
不要囉嗦，給我來一碗。
光流口水不是辦法。
1年 讚 回覆 隱藏　　5😋👍

👑 頭號粉絲
黃世超
反美豬~不同意，親中反美

2022 縣市長選舉

2022

11月26日

農小 11月3日 星期六

▶ 捍衛台灣絕不投降承諾書 ◀

【宜】結伴投票、抗中保台、南北串聯
【喜神】東西 【財神】南北 【不宜】諸吉事

忌投 國民黨、民眾黨 0%

眾

反共

Tainan

2022.11.24

外國倫看台灣
好圖！
16週 讚 回覆 隱藏　　　1👍

我是絕對不會給投降派一票
16週 讚 回覆 隱藏　　　4👍

頭號粉絲

11-26 挺民主挺18挺真心會
做事的人，拒投抹黑政黨任
何一人

不要忘記香港、新疆被殘害
的那一幕

你這梗圖畫得超讚！👍表示昨天你一定有聽這場辯論會！😂😂

19週　讚　回覆　隱藏　　2💬

請借分享，謝謝

 Leo Li
他根本來惡搞高端的。衛福部長根本抬舉了他

19週　讚　回覆　隱藏　　1💬

 太貼切了

19週　讚　回覆　隱藏　　1💬

2022.09.29

 頭號粉絲
賴伯璋
一個民意滿意度每年墊底的
副市長居然可以出來罵人，
這種咖也敢出來競選，真不
知道恥是怎麼寫的。
24週　讚　回覆　隱藏　　　8

 頭號粉絲
黃世超
北市三咖督, 33越藍越好, 綠
握40%就好👍
24週　讚　回覆　隱藏　　　1

 張孟涵
非常生動😊

2022.10.09

👑 頭號粉絲

創子手永不忘記

> ✎作者
> **Tainan黑名**
> 　我們未來是奉命行事的價值嗎？鄭竹梅說：

「沒辦法聽人家喊侯友宜凍蒜…」

22週　讚　回覆　　21👍

👑 頭號粉絲

精準👍

24週　讚　回覆　隱藏　　3👍

2022.10.12

2022.10.05

Tsai Kunju
籌錢拍電影要找導演，應徵的卻是影評人。
23週 讚 回覆 隱藏

⊕ 頭號粉絲
林耕仁完全沒有版面

⊕ 頭號粉絲
黃世超
中間那個用鼻孔看人～目空一切 跩得很
23週 讚 回覆 隱藏　1👍

Jerry Wang
太有才惹...

市民頭家
面試中

政見

Tainan

市長換人
空氣換新

顏

徵秘書

2022.10.10

 姆士捲
台中人覺得哭笑不得😶

23週　哈　回覆　隱藏　　6😆

 李宸
徵秘書......XDDD

23週　哈　回覆　隱藏　　1😆

 Harris Chang
市民頭家對來面試的綠衣人
吼道：你拿這麼多文件來，
要累死本官？給你10分鐘扼
要說明。
綠衣人：好，我要加速把電
廠燃煤改燃氣、加快捷運建
設、國中小營養午餐免費、

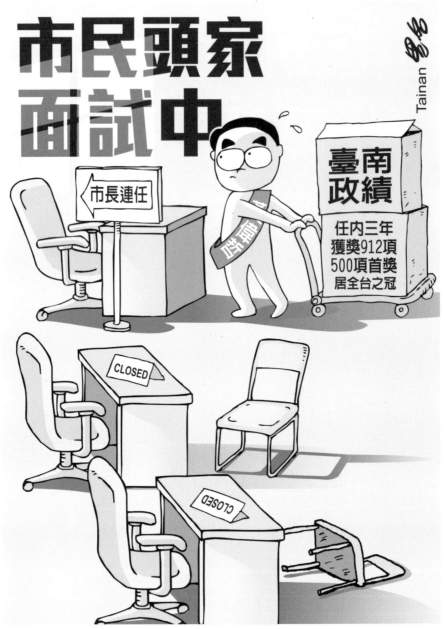

市民頭家面試中

Tainan

市長連任

臺南政績

任內三年
獲獎912項
500項首獎
居全台之冠

CLOSED

CLOSED

2022.10.11

蔡易學
人家黃偉哲這幾年來努力發展台南觀光美食曝光率，努力在網路上與眾人分享！早就擺脫什麼西瓜形象了！其他政黨怎跟他比

23週 讚 回覆 隱藏 14

♔ 頭號粉絲
黃世超
秘雕不玩了 🤣🤣🤣

23週 哈 回覆 隱藏 6

李宸
蛤！！！什麼！！！！台南有選舉？？？

2022.10.08

Takashi
下面的隨時準備搭車回台北吧
23週 哈 回覆 隱藏　25

高雄市民沒有哪麼瞎。
23週 讚 回覆 隱藏

⚘ 頭號粉絲

上面 那個面試官，應該有拿放大鏡🔍
23週 讚 回覆 隱藏　10

過水 蘸醬油 …

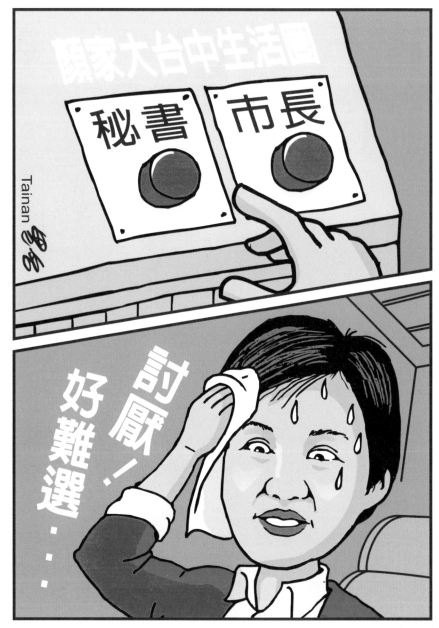

2022.01.12

她是窮緊張而已,從來就沒有腳色選擇的困擾。如果她曾經按過市長的按鈕,她就會知曉,市長這個按鈕從未被接上電源,權裝飾用的。

1年 讚 回覆 隱藏 1

林楹棟
騎虎難下,左右為難?

1年 讚 回覆 隱藏 1👍

盧:小孩才要選,我通通都要。。。

2022.01.19

 斯坦-波蘭ê台灣囝仔 · 追蹤
繼續拖，拖到年底看戲人潮
就回來了😄

1年 讚 回覆 隱藏　　　11👍😂

 👑頭號粉絲
黃世超
看她還能盧多久

鄉下地方在乎的只是地價稅
有沒有少付一點

1年 讚 回覆 隱藏　　　1😢

 張小均
兒

1年 讚 回覆 隱藏　　　1👍

Tainan 里白

2022.08.11

MG149 案也是，泛綠當時相信柯是清白選前力挺，結果柯現在為了政治聲量與利益卻落井下石，Ugly!

管蘇兩位學術流氓，好像是"趙氏孤兒"中的屠岸賈，要把忠良抄家滅族，連剛出生的嬰兒也不放過。

裁判兼球員真的中立，我說

還有謝清志博士高鐵減震冤

2022.08.19

😊 最常留言的粉絲
Bryan Heaven
其實，要趁此機會整頓台灣高等教育，是不是系統問題要解決，便宜販賣但毫不研究的事實，要不要開始修正。
31週 讚 回覆 隱藏　　1👍

👑 頭號粉絲
賴伯璋
國昌、嘉瑜、世堅見客
31週 讚 回覆 隱藏　　15👍

👑 頭號粉絲
吳秋澤
出來打球啊？!...😂😂😂

2022.09.24

很傳神！

25週　讚　回覆　隱藏　　18 👍😂

那個高腰褲的醫生，應該頭頂上也要插一支大支的迴力鏢……

 Mendy Du
比起斐陶斐~我還是比較喜歡 黑吃黑、多倫多、石榴石、文言文、鹽酸鹽，禹英禑

25週　讚　回覆　隱藏　　21 👍😂

2022.09.16

東陽莎拉
又爛又髒
26週　讚　回覆　隱藏　　　　　　1

Harris Chang
收到了，你要保證該給的一
定不會少。
好，那就先從林耕仁開始

墨琊君
放水，要加個水龍頭 嗎？
26週　哈　回覆　隱藏　　　　　　1

Leo Li
有夠真實
26週　大心　回覆　隱藏　　2

2022.09.25

注意 ⚠ 投票前,請關注候選人推出的各項政見,並詳細留意製造日期或有效期限以確保品質,選後恕不退換! Tainan 男兒

2022.09.12

 Takashi
蔣公子都是躺著選

27週 哈 回覆 隱藏 23 👍😆

 Bibby Shu-Hao Kuo
人家是睡夢羅漢!!!

27週 哈 回覆 隱藏 5 👍😆

Nelson Tân Chhong-iū
Takashi 躺著選趴著選還
是北市好選

27週 讚 回覆 隱藏 1 👍

 ⊕ 頭號粉絲
高志宏
太貼切了!

27週 大心 回覆 隱藏 7 👍❤

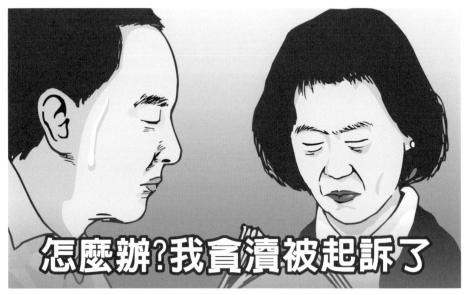

怎麼辦?我貪瀆被起訴了

不可能!妳連公文都拿反了

2022.08.25

Hsu-yu Hung
哈哈哈哈哈哈哈哈哈哈哈,宜
蘭人笑著笑著就哭了
29週 讚 回覆 隱藏　　1

不過.鈔票不會拿反的
29週 哈 回覆 隱藏　　1

顏榮志
錢拿反了也是錢...
29週 哈 回覆 隱藏　　5

頭號粉絲
黃世超
妙手空空洗三億
29週 哈 回覆 隱藏　　2

Tainan 黑白

2022.12.19

2022.07.17

好可愛的比喻😊
35週 讚 回覆 隱藏　　25 👍

郭山林
綠色選民，道德高標。藍白
選民，道德低標。很正常!
35週 讚 回覆 隱藏　　30 👍

⚑ 頭號粉絲

一看就懂，好有趣喔
35週 讚 回覆 隱藏　　3 👍

王翔 · 追蹤
那坨是雞屎不是雞母
35週 讚 回覆 隱藏　　8 👍

↳

史上最短命的市長

2019.08.24

黃世超
最理智的登山達人~雪羊~
竟忍不住說:路人講幹話 😄

3年　讚　回覆　隱藏　　　1 💀

作者
Tainan黑名
黃世超 韓找不到懶趴 😄

Chueh Yu Yang
這個蠢蛋還想叫小英跟他辯
論兩岸。。。他真的不知道
自己有多笨。

3年　讚　回覆　隱藏　　　1 👍

2019.12.01

廖家宏
中國當權者對後者應該只會
笑看前朝事，畢竟還有利於
他們對台灣的掌控。

3年　讚　回覆　隱藏　　　　1

Chueh Yu Yang
這種禍害看北京政府要不
要，韓草包應自我推薦順帶
3瓶養樂多。

2年　讚　回覆　隱藏

2019.05.07

2019.05.22

 洪瑞國
不管講什麼只要對他不利，
就說黑韓產業鏈...有想過太失
敗才會眾人圍剿嗎？
3年　讚　回覆　隱藏　　　1

 Ting Yu
讓王小姐來贖？！

 Chueh Yu Yang
一個蠢蛋對什麼議題都只會
反對，但自己卻提不出政
見。
3年　讚　回覆　隱藏　　　1

2019.07.30

 Chueh Yu Yang
一定要過！這罷免若沒過，
不就白白一年多讓他侮辱台
灣人的智商！
2年　讚　回覆　隱藏　　2

讓牠回去給佳芬養

✏作者
Tainan 黑名
高雄人動起來！張小均 起
床了 XD
2年　讚　回覆　　　2

2019.09.30

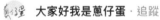 大家好我是蔥仔蛋 · 追蹤
黃捷 鳳山捷伴同行
3年 讚 回覆 隱藏　　　　1

議員：我就是要質詢沒用的
東西！
3年 讚 回覆 隱藏　　　　1

張小均
黑名難得這麼直 XDDDDD
我覺得這個粉絲團要日更才
行!!!
3年 讚 回覆 隱藏　　　　2

2020.05.17

Chueh Yu Yang
黨主席是菩薩？
幫幫忙，這個黨無論由誰接任都一樣，每況愈下。

2年　讚　回覆　隱藏　　　　1👍

夕鶴？

☪ 頭號粉絲

黃世超
抱韓🛶投江, 可惜草包魚浮不起

3年　讚　回覆　隱藏　　　　1😅

2020.04.30

六六大順、高雄除瑜日
2年 讚 回覆 隱藏

 頭號粉絲
黃世超

.

若是啟臣不讓位
轉救北京別後悔
...
韓上習下來
中國發大財

2018.12.24

Chueh Yu Yang
我一直看不懂內容要陳述的，後來終於懂了😄
3年 讚 回覆 隱藏　1

Gloj Lin
早安黑名哥

Chueh Yu Yang
直接鞭刑他，讓他屁股開花！
3年 讚 回覆 隱藏　1

確實如此傳神
3年 讚 回覆 隱藏　11

咦！這就是打火石

2017.10.01

2017.10.29

 Chueh Yu Yang
白目柯真的是讓我跌破眼鏡
～五年前投他就真的以為他
是一股清流。現在看他就是
個屁～

3年　讚　回覆　隱藏　　　　1

李宸
選我就是要為自己負責啦

3年　讚　回覆　隱藏　　　9

Leo Li
一切盡在不言中

3年　讚　回覆　隱藏　　　1

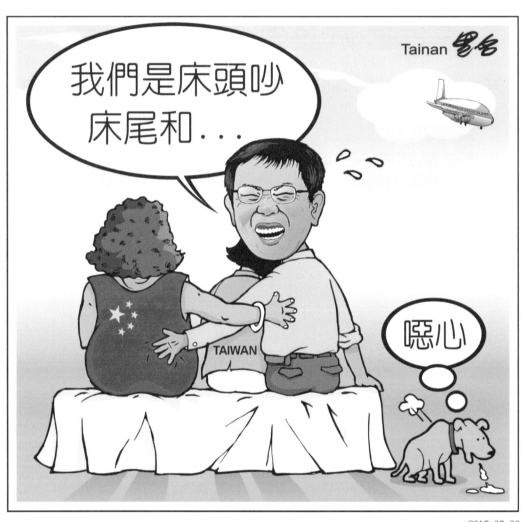

2017.07.06

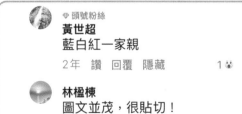

2017.11.19

真的是像無臉男
2年 讚 回覆 隱藏　　　　1

 Chueh Yu Yang
認清這個咖的個性，就知道
這咖有多卑劣。

2年 讚 回覆 隱藏　　　　1

嘴巴放乾淨點，拿去刷一
刷啦！
2年 讚 回覆 隱藏　　　　1

 頭號粉絲
黃世超
背骨寄生蟲

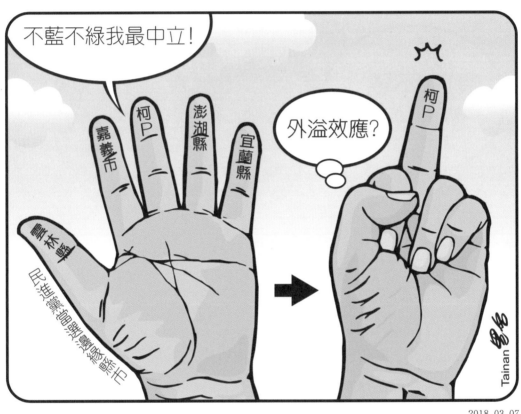

2018.03.07

2018.04.04

沒有 民 只有 眾 的黨，叫烏合之眾 黨。

21週 讚 回覆 隱藏   3

⊕ 頭號粉絲
黃世超
笑死😂

柯屁 2024 夢斷

22週 讚 回覆 隱藏   11

劉寶傑說 下臺吧！市民要你
這王 X 蛋市長幹甚麼！

22週 讚 回覆 隱藏   19

Tainan

2019.06.17

 Zack Chung
佩姬：請問……
這是誰家的狗？

49週　讚　回覆　隱藏　　　1

♔ 頭號粉絲
黃世超
牽回去記得給牠戴上嘴套

 Harris Chang
柯屁在黨員大會致詞：
今天很高興舉行黨員大會，
怎麼台下都是狗……

48週　讚　回覆　隱藏　　　7

借圖，謝謝您🙏

2019.08.07

防疫嘴炮，防災嘴炮，騙票
也嘴炮，此人只剩一張嘴。
悲哀!

22週　讚　回覆　隱藏　　56😊

 Alex Chuang
超貼切的

下架民眾黨就是懲罰柯文哲
最好的方式。

22週　讚　回覆　隱藏　　39😊

大家眼睛睜亮，忍了柯P爛8
年市長只罵一張嘴超沒用。

Tainan 黑名

2020.05.01

Chueh Yu Yang
畫得超寫實。無違和感。

2年　讚　回覆　隱藏　　　　1

👑 頭號粉絲
黃世超
垃圾清乾淨

2年　讚　回覆　隱藏　　　　1

　✎作者
Tainan黑名
沒錯！自己製造的垃圾有
責任清乾淨喔！高雄人
6/6記得回高雄去罷！

2年　讚　回覆　　　　　　　1

Tainan

2021.07.04

⊕頭號粉絲
黃世超
讓長輩非常傷心這是真的…
從金額不多的重陽敬老金都
不給～到現在長者打疫苗˙一
點都不體貼…他爸媽不曉得
怎麼教的
1年 讚 回覆 隱藏

✏作者
Tainan 黑名
強制驅離！
1年 讚 回覆   1⊙

Chueh Yu Yang
台灣就已經太多媽寶，還要
轉讓一隻那麼老的媽寶？😂

2022.04.10

2022.04.18

Harris Chang
柯媽：佩琪啊，電視裡講話
像狗吠的是誰？
佩琪：文哲啦，妳兒子啦。
柯媽：怎麼會這樣？
佩琪：自從參加元旦升旗典
禮，在寒風中被罰站了7分
鐘，回來後就變這樣了。

柯媽：可惡，恁祖媽一定要
去找蔡英文算帳。
49週　讚　回覆　隱藏　　4👍

若是票選全國最沒水準的政
客，這個傢伙應該名列前
茅！！！

2019.10.07

2022.07.15

檳榔柯與學姐・檳榔吃太多了

Tainan 魚夫

2022.10.19

我跟你講
今天如果抱籃球框的民眾還有被水困車內的民眾被沖走，柯屁真的直接消失在台灣政壇了！

22週　讚　回覆　隱藏　　　　79

防疫嘴炮，防災嘴炮，騙票也嘴炮，此人只剩一張嘴。悲哀！

身為一個天龍人，看了都令人感到難過⋯⋯

2022.11.04

◆頭號粉絲
Joey Lin
左邊的黑道用刀比右邊那個號稱外科醫生的又快又精準。
19週 讚 回覆 隱藏　　　9

Xing Hung
說自已耶穌？想到王牌神棍
19週 哈 回覆 隱藏　　　1

曾勝億
歡迎收看政壇笑話冠軍🏆
19週 哈 回覆 隱藏　　　2

柯憐喔

2023.03.18

民進黨＝沙包黨？

2017.02.02

 Bella Cheng
團結力量大，台灣加油！💪
🖤
5年　讚　回覆　隱藏　　　　4

加油 贏回台灣
5年　讚　回覆　隱藏　　　　4

做對的事，勇往直前！
5年　讚　回覆　隱藏　　　　4

 靜香
如果滯台中國人能早日認祖
歸宗、重回祖國懷抱!!那台灣
肯定是全世界最棒的地方

2018.01.21

Takashi 團結加油! 1年 讚 回覆 隱藏　　26	**Fongwu Chen** 只給四年不能再多了 1年 讚 回覆 隱藏　　1
要知道敵人是誰,不要明年的今天,一堆人哭失去了政權	**張孟涵** 非常生動😌 1年 讚 回覆 隱藏　　2

2017.08.30

 張小均
黑名兄表面講的是選手,關心的永遠是是台灣~
5年 讚 回覆 隱藏

 Tainan 黑名
張小均 永遠是最貼心的那一個

 ⚘ 頭號粉絲
黃敏惠
本土勢力一定要團結,一起努力為台灣打拼!
5年 讚 回覆 隱藏　　　　13 👍

 加油 💪

選民的標準

我60分被打，你考幾分？

Tainan

2022.08.24

 孫光龍
太真實了

 Ronnie Chen
上次聽的一位名嘴說，因為
對民進黨有期待，所以標準
比較高，其他都沒期待了....
然後票還是投摑面黨？？？

 曾咖倫
真的很莫名奇妙…我看一下
k黨的霉體發現，牠們狂打謠
言抹黑，後續他人出來釐清
真相，但那些爛霉是完全不
會播出的！

30週　哇　回覆　隱藏　　6

《作者行事曆》 這張前天一早就畫好了，但小編沒有馬上貼文...
有的時候家裡垃圾還沒有丟，是因為還不是回收日。

2023.02.02

 葉葉
要送焚化爐，不要回收
6週　讚　回覆　隱藏　　　　3💬

南無阿彌陀佛
6週　讚　回覆　隱藏　　　　2💬

⭐ 頭號粉絲
 黃世超
一個姦一個濺
6週　讚　回覆　隱藏　　　　3💬

 Jinglin Stone
奸僞愚好像不可回收？直接
焚毀。
6週　讚　回覆　隱藏　　　5💬

2018.01.01

2023.01.05

小英還完債，還有盈餘可以全民共享！可見馬政府有多混啊！😊
然後小英政府還要被教訓？

10週　大心　回覆　隱藏　　6

⊕ 頭號粉絲

感謝蔡英文總統＋蘇貞昌院長的努力,中國武漢肺炎病毒全球肆虐下,台灣還有如此亮眼的成績!!

10週　大心　回覆　隱藏　　6

2022.08.30

 楊瘦瘦
看到高標準區，會心一笑😂
29週　讚　回覆　隱藏　　5👍

好無奈！沙包黨加油啦！
29週　讚　回覆　隱藏　　10👍

好貼切的圖

 郭山林
人民對民進黨的高標要求，
是民進黨的榮耀！對藍白兩
黨的低標準，則是打從心底
的不屑！無所期待！

2023.01.07

2023.01.06

 頭號粉絲

黃敏惠
任重道遠！
黨務人事問題繁多，希望主席的幕僚能提供正確的資訊，應當優先處理的問題，要快速給交待，不要讓支持者們失望～

盼望賴主席帶領民進黨走向正確的方向並逃出生天！
為主席加油打氣！

9週　讚　回覆　隱藏　　　　4

這張圖是我看過最好的意境!!
太棒了，台派一起團結，謝

2023.03.23

 陳梅芳
衝啊～2024賴來嘍

23小時　讚　回覆　發訊息　隱藏

我愛威廉

23小時　讚　回覆　發訊息　隱藏

 ⚑ 頭號粉絲
縱橫四海
有路，咱沿路唱歌，無路，
咱蹽溪過嶺.

18小時　加油　回覆　發訊息 6

 Hong Yuan
台灣隊加油

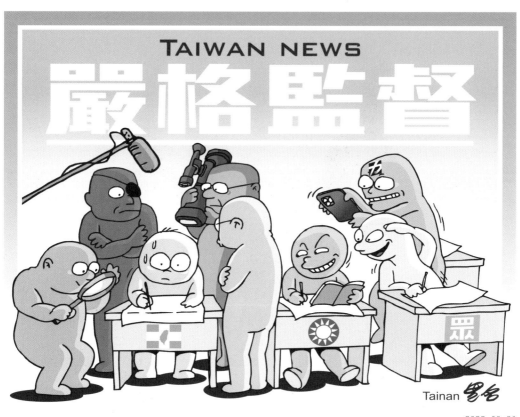

TAIWAN NEWS

嚴格監督

Tainan 里白

2022.09.20

投給綠的換來嚴格監督，那還不投爆

26週　大心　回覆　隱藏 64

不是監督，應該是惡意毀謗、醜化。

李宗霖
哈哈 旁邊應該放小基進在K右邊三位

26週　讚　回覆　隱藏　　11

沙包黨叫假的喔?
誰叫有一群白癡假中立選民...

中國的國民黨

2018.06.12

蛆蟲
1年　讚　回覆　隱藏

胡舜嘉
是一代不如一代了…。
1年　讚　回覆　隱藏　　　1👍

陳昶諺
當年沒有國民黨來台 當時已
經在亞洲快完成現代化的建
設 台灣現在會更好
1年　讚　回覆　隱藏　　　1👍

2018.06.11

2021.11.17

 ♚ 頭號粉絲
Tina Wang
超讚的隱喻👍
2年 讚 回覆 隱藏 2👍

♚ 頭號粉絲
黃世超
尾巴蛇出來~紅色的滿地紅
😂
1年 讚 回覆 隱藏 1😀

Tainan

2019.02.18

藍白準備合體...

Tainan

2020.12.06

👤 頭號粉絲
黃世超
九二共識~>檯面上是一個中國，檯面下是把台灣連結給中國。

2年 讚 回覆 隱藏   1

👤 頭號粉絲
黃世超
4趴鬼胎~>(韓出線)搶攻朱粉選票

2年 讚 回覆 隱藏

2020.04.04

♛ 頭號粉絲
Tina Wang
被ㄙㄜ頭了…
2年 讚 回覆 隱藏　　　2😀

♛ 頭號粉絲
黃世超
「啟稟」、「啟奏」、「啟臣」問題出在名字
2年 讚 回覆 隱藏　　　1😀

2020.12.28

Chueh Yu Yang
編大，這您有所不知，咱們
江大主席有個綽號，叫「國
民黨首席花瓶主席」～～
頭髮 seto 的...okay 啦還能
看，但其它完全一概不行。
2年　讚　回覆　隱藏　　　1👍

主席 "撕下" 表示，他管不住
國民黨 (所以該給乾爹管管)
2年　讚　回覆　隱藏　　　1👍

2021.09.14

謝俊民
國民黨員全部抓回去重修
1年 讚 回覆 隱藏　　　2

Fongwu Chen
都寫成舔共
1年 讚 回覆 隱藏　　　2

頭號粉絲
黃世超
腦袋都被洗成是~中國人...
開口閉口都說~大陸~
1年 讚 回覆 隱藏　　　5

 作者
Tainan黑名
黃世超，1眼睛我看年出

2021.09.11

細菌先生
這些老人家可能膝蓋不好，
容易腳軟
1年 讚 回覆 隱藏　　　55

蕭瑩燈
太讚了!!
1年 讚 回覆 隱藏　　　18

Yu-Hsuan Chen
這張意境真的太神了
1年 讚 回覆 隱藏　　　3

太真實了，不能同意版主更
多！
1年 讚 回覆 隱藏　　　1

2021.10.01

 Harris Chang
早晚三柱香。

1年　讚　回覆　隱藏　　　2

 頭號粉絲
黃世超
雙羽四足～雙羽～習，四足
～狗黨跪舔

國民黨和民眾黨應該收集
BNT空瓶在國民黨中央黨部
外設壇膜拜，把BNT當神，
這樣國民黨和民眾黨就可以
成為中國共產黨在臺灣的總
代理和經銷商。

Tainan

2022.03.06

TzuChin Chen
忘了畫時代力量及環保團體
1年 讚 回覆 隱藏

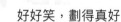
好好笑，劃得真好
1年 讚 回覆 隱藏　　1

Harris Chang
原來您老兄也看不起戰哥。
是不是他排在比較後面？
1年 讚 回覆 隱藏　　1

李宗霖 Lí Chong-lîm ✓
後面要加個族繁不及備載
1年 讚 回覆 隱藏　　4

2021.10.18

⊕ 頭號粉絲
Joey Lin
民進黨可以控制臉書言論，
操控美國，抵擋中國跟武漢
肺炎，相對起來，國民黨就
很無能，既然如此，那我還
不快去投爆民進黨!?XD
1年　讚　回覆　隱藏　　13 👍😊

Harris Chang
謝謝小朱朱這麼看得起民進
黨。
民進黨其實應該贈匾給小朱
朱：「惠我良多」。
1年　讚　回覆　隱藏　　2 😊

⊕ 頭號粉絲

Tainan

2022.03.07

Chueh Yu Yang
傅那種貨色也只有花蓮人喜歡，
一個如此優秀的蕭美琴不要，去要一個坐過牢的。
花蓮人注定要窮一輩子。

1年　讚　回覆　隱藏　　　　1👍

Bryan Heaven
都是習帝的傀儡，
沒有家。

1年　讚　回覆　隱藏　　　　1👍

噁心黨，總有一天會被臺灣人丟到馬桶裡

117

2022.05.27

J.R. Kao
打一個耳光怎麼夠？打完右邊打左邊，或者打完左邊右邊，剛好而已！還有，該被打的狗冥黨人豈只這四個人而已？

41週　讚　回覆　隱藏　　4

這些投靠中共又想製造臺灣不安的人...臉要往哪裡擺？還好意思...死賴臺灣？

41週　讚　回覆　隱藏　　4

臉都腫了

2022.06.19

2023.03.13

看看哪一邊的人，子女都是美國籍，答案就很清楚。

38週　讚　回覆　隱藏　　　　17 😆

🔵 黃世超已回覆・1則回覆

應該要請立委們修法 取消國籍 讓他們去的人付出代價 啥都沒有

1小時　讚　回覆　發訊息　隱藏

Tainan

2022.12.31

蕭瑩燈 ✓
內鬥藍而已啦

10週 讚 回覆 隱藏　　105

和平是藉口，掩飾不了投降
貪生怕4的本質。

10週 讚 回覆 隱藏　　3

Tasi Hammer Niennien
貼切到不行啊！

10週 讚 回覆 隱藏　　2

還有穿內褲，替他們保留點
面子了

10週 讚 回覆 隱藏　　6

2023.02.10

2022.08.17

2023.02.09

然後會有老人說：不這樣跪
才最危險

29週　讚　回覆　隱藏

🐸國民黨不舔共 不是國民黨

29週　讚　回覆　隱藏

Leo Li
優質。車輪和受眾會自爽
說，用夏立言的名號，將他
個人的身份放大（墊高對話
的高度），和他們平起平
坐。

4週　讚　回覆　隱藏　　2👍

2022.08.20

2023.02.15

⊕ 頭號粉絲
黃世超
應是跪舔區

28週　讚　回覆　隱藏　　　1👍

JJ Chen
建議贈品領取處，改成「受付」！

Harris Chang
果然是來「要飯」的。

3週　哈　回覆　隱藏　　　6👍😋

外國倫看台灣
好圖！

3週　讚　回覆　隱藏　　　9👍

2020.08.28

2021.10.16

Chueh Yu Yang
全世界最不要臉的女人，馬娘娘。

2年 讚 回覆 隱藏　　　1

　　✍作者

Tainan黑名
+1

馬路如虎口，餓虎等在一旁，等這兩個不知死活的七月半鴨

1年 讚 回覆 隱藏　　　2

JJ Chen
反共變返共！

Taiwan's President Lands in U.S. Amid Threats From China

2023.03.30

吳秋澤
真的是標準的脫褲藍

 James Chang
戲子過時尋舞台
梳妝打扮身搖擺
兩旁看官皆反腹
漚戲拖棚好落台

 頭號粉絲
黃世超
哈哈～一圖解了兩象 😂😂😂

双羽四足　生我者猴死我雕

  乙～鷹

Tainan

2023.02.07

2023.03.08

林楹棟
畫中有話，盡在不言中！

6天　大心　回覆　發訊息　隱藏

羅根

6天　哈　回覆　發訊息　隱藏 1

Corleone Čh
實在是剛看了新聞後，這幅
畫有夠深得我心
5天　哈　回覆　發訊息　隱藏 1

✏ 作者
Tainan 黑名
Corleone Čh

中國共產黨專用
KMT
陳年老壺

Tainan

2023.02.13

 老馬可能會自認為"老抽"。
4週 哈 回覆 隱藏　　1

♥ 頭號粉絲

😂😂［KMT 中共專用夜壺 ］
～百年口碑 歷久不衰 😂😂

 Takashi
這真的是陳年的垢
4週 哈 回覆 隱藏　　1

 洪比崙
一拉一暢吸進瓶！
4週 哈 回覆 隱藏　　1

↘ 維，尼好！

《漫畫故事提要》中國國台辦宣稱提供台灣青年1756個工作職缺？你要去嗎？

2022.12.01

楊子憶
去當韭菜嗎？

15週　讚　回覆　隱藏

葉治宇
不能用FB&IG
台灣有幾個年輕人受得了

15週　讚　回覆　隱藏

Bella Cheng
有去無回，BBQ了！

15週　讚　回覆　隱藏　　　　1

想過去的，就過去。
不管有沒有出事，記得不要
找台灣幫忙唷！

2018.07.12

2021.04.02

 ⊕ 頭號粉絲
黃世超
中國內政外交全崩~美智庫
開酸，習彎道超車變翻車 😓
24週 讚 回覆 隱藏 　3 😊👍

Harris Chang
台灣、中國一邊一國
24週 讚 回覆 隱藏 　3 😊

張榮坤
愛臺灣
24週 讚 回覆 隱藏 　13 👍👍

2022.06.18

2022.10.02

 Harris Chang
維尼說：不是我已讀不回，
有苦衷的，因為我……「不
識字」。

39週 讚 回覆 隱藏　　3 😺😂

不是在全世界搜刮糧食嗎??

哇…J個操作😺
習進瓶身價大漲！🤣

24週 哈 回覆 隱藏　　　　1 😺

陳紹白
我決定怒買

24週 哈 回覆 隱藏　　　　1 😺

2022.11.29

2023.03.19

因為白紙全部被中國共產黨
買光了

15週　讚　回覆　隱藏　　1

♔ 頭號粉絲
黃世超
中國人不曉得能否抗共成功

Chueh Yu Yang
我覺得中國偵探氣球可能會
比較快喔～

♔ 頭號粉絲
黃世超
習散播武漢病毒害死的人比
起普廷～多於百倍

2022.10.27

2023.03.05

Melita's 旅行箱軌跡
唯一支持美國繼續禁其他口
國東西（或人）（？。
2週　讚　回覆　隱藏　　　3

Takashi
他們幾乎都把全世界禁光了
吧

 最常留言的粉絲
縱橫四海
中國連一張白紙都怕，也太
沒自信了！
2週　讚　回覆　隱藏　　　5

連 pinterest 都禁，到底是多

Tainan 里白

2023.02.08

台派派小日常
每每看到這種，都讓我難過...
好想要台灣建國啊...
4週 讚 回覆 隱藏 25

吳信樺
神經錯亂的惡鄰居

立場一直跳的中國
3週 讚 回覆 隱藏

中肯的畫！也畫出國民黨的
低能矛盾思想
4週 讚 回覆 隱藏 1

台灣是主權獨立國家

【台灣獨立的好處】

1.提高身體平衡感　2.增強身體免疫力　3.塑造堅毅性格 4.治療痔瘡

5.激發身體自我修復能力　6.促進補腎排毒 7.減肥瘦身

2023.01.03

Leo Li
專治膝蓋痿軟無力動不動就要下跪
10週　大心　回覆　隱藏　1♡

Chueh Yu Yang
痔瘡哈哈哈哈哈
11週　讚　回覆　隱藏　1♡

⊕ 頭號粉絲
黃敏惠
對第5點很有感！
10週　讚　回覆　隱藏　1♡

可能會治好我的焦慮
10週　讚　回覆　隱藏　1♡

2020.04.05

⊕ 頭號粉絲
黃世超
簡約高尚

2年　讚　回覆　隱藏　　5

藍國瑞
臺灣獨立是必要的，但是我
們已經經過了七十年黨國不
分的時期，獨立之後難道還
要再用"黨旗"當成"國旗"嗎？

Chueh Yu Yang
台灣萬歲！

2021.09.12

✎作者
Tainan 黑名
小英政府推動駐美單位正名
「台灣代表處」
1年　讚　回覆　　　　　6👍

林楹棟
下流當有趣，下賤是本性！

⊕頭號粉絲
黃世超
台灣是台灣，自稱中國人的
去共一窩
1年　讚　回覆　隱藏　　　5👍

Fongwu Chen
胡錫進嗎？

2019.01.16

 頭號粉絲
黃世超
讓國民黨去跟中國~談九二
共識&和平協議,等於前阿富
汗和塔利班~和談的下場....
整個被吃掉,人民準備被中
共塔利班凌孽殺戮
1年 讚 回覆 隱藏 1 👍

 陳昶諺
老蔣小蔣在的時候反共喊的
比誰都響 不在之後舔共比誰
都還舔的用力 這些人 可悲
1年 讚 回覆 隱藏 2 👍

 林楹棟
天生無膽,未戰先降!

2021.11.27

 斯坦-波蘭ê台灣団仔・追蹤
我也報名當台獨頑固分子😊
　1年　讚　回覆　隱藏　　　　4👍

 林楹棟
刻意分化台灣，國內有人跟
進,不是他想吃就能吃！
　1年　讚　回覆　隱藏　　　　1👍

 J.R. Kao
Republic of Taiwan！台灣共
和國萬歲，萬歲，萬萬歲！

 黃世超
留島不留人～擺明每個人都
是台獨，別以為抱共匪大腿
就有用

台獨頑固份子

143

2021.09.09

請問可以借轉貼嗎？
有些地方好需要這圖⋯
1年　讚　回覆　隱藏　　　2

　✐作者
Tainan黑名
　　　　沒問題

林楹棟
人格獨立，也算噢？
1年　讚　回覆　隱藏　　　1

　🏆頭號粉絲
黃世超
我有去投票選總統 😂
1年　讚　回覆　隱藏　　　1

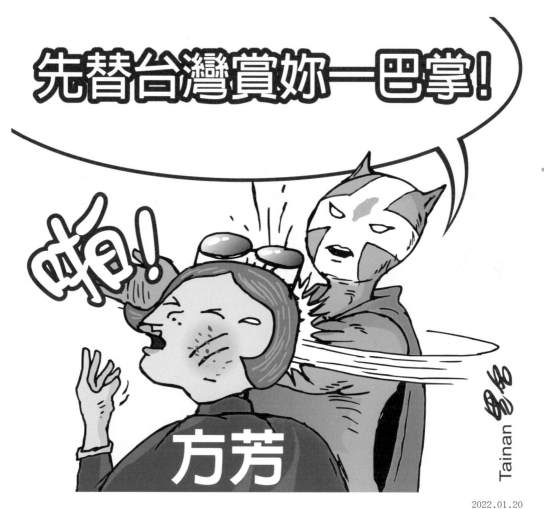

2022.01.20

 ·追蹤
賞方芳巴掌這邊報名～
1年 讚 回覆 隱藏　　　3👍

　　⊕ 頭號粉絲
　　黃世超
　　嘴巴說愛中國，但死都不入
　　中國籍

 Harris Chang
恁爸看到妳就「賭爛」，會
洪幹就永遠唛返來台灣啦。
1年 讚 回覆 隱藏　　　4👍

　　⊕ 頭號粉絲
　　釋法融
　　大力一點

2021.10.02

 Stella Wang
自己的腰桿挺直了，別人才會看得起你。
1年　讚　回覆　隱藏　　　　10👍

這時候朱立倫又不敢講話了，丟臉的中國國民黨😷

 ⊕ 頭號粉絲
秋天
太感人 借分享喔 黑名哥
1年　讚　回覆　隱藏　　　3👍👍

· 追蹤
(那個BUT，請讓我們以粉專名稱來表述)

&#@%!!!

Tainan 黑名

2022.01.04

林楹棟
二圖，砲口向後更貼切！
1年　讚　回覆　隱藏　　　　5👍

　　　✏作者
　　Tainan黑名
　　林楹棟 正解
　　1年　讚　回覆　　　　1👍

一年準備兩年反攻三年掃蕩
五年成功～～
1年　讚　回覆　隱藏　　　　1😀

　♔頭號粉絲
黃世超
沒LP反共，也沒LP返共

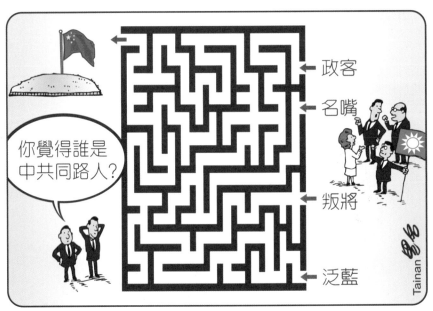

2021.09.05

2018.12.27

 林楹棟
這迷宮之路，稱 bnt 大道！
1年　讚　回覆　隱藏　　3

 Fongwu Chen
我竟然全都給他走一遍
我真是頭殼壞掉了
1年　讚　回覆　隱藏　　3

 Fongwu Chen
政客如果不迷路的話是最快
到達的
1年　讚　回覆　隱藏　　1

 Fongwu Chen
好像都走得出去呢！真的是
中共才是他們唯一的生路

2022.02.06

2022.09.02

Aven Chen
多鞭幾下！
1年　讚　回覆　隱藏　　　　1👍

Zheng Chen Lee
烏克蘭還簽了兩次。
1年　讚　回覆　隱藏　　　　1🐾

林楹棟
紅媒剛開口，心思早已被摸
透,薑還是老的辣！智慧來自
經驗！
28週　讚　回覆　隱藏　　　　48👍

Bella Cheng
曹董歷史性的一擊，國際認

除惡袪凶爭公平

趕魔驅鬼取正義

2023.03.22

Melita's 旅行箱軌跡
哇，這個細節要畫很久吧

✏️ 作者
Tainan黑名
Melita's 旅行箱軌跡 要畫
很久😂從實質到法理獨立
一樣漫長…

Harris Chang
橫批：
掃盡妖孽護台灣
13小時　讚　回覆　發訊息　隱藏

李宸
讚！
15小時　讚　回覆　發訊息　隱藏

→ 轉型正義不能停

2023.02.28

Takashi
頭埋的可深了
2週 讚 回覆 隱藏　　9

就一直舉著 看他要不要正常
生活
2週 讚 回覆 隱藏　　1

洪比崙
沒臉見人才有品!
2週 讚 回覆 隱藏　　1

然後 屎袋有人把風向帶給情
治單位
2週 讚 回覆 隱藏　　1

公平正義

土地正義

Tainan 魯毛

眾

2021.12.08

舔不知恥代表
1年 讚 回覆 隱藏　　　2

李宗霖 Lí Chong-lîm ✔
應該是笑話正義
1年 讚 回覆 隱藏　　　2

J.R. Kao
我是笑不出來啦，只要看到
他們兩個廢人，就會火上加
油而已！
1年 讚 回覆 隱藏　　　2

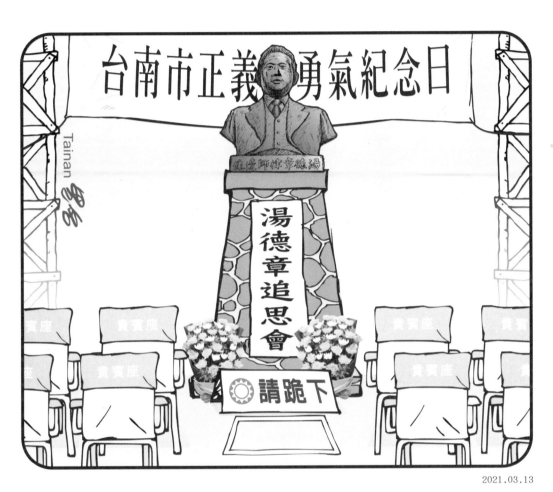

2021.03.13

2020.07.30

國家圖書館出版品預行編目(CIP)資料

黑名漫畫：與他們留言的對話.2 / 台南黑名作.
— 初版. — 臺北市：前衛出版社，2023.06
160面 ； 19X26公分
ISBN 978-626-732-501-8(平裝)

1.CST：臺灣政治 2.CST：漫畫

573.07   112005328

黑名漫畫與他們留言的對話2

作　　者　台南黑名
主　　編　黃厚銘
出 版 者　前衛出版社
　　　　　10468　臺北市中山區農安街153號4樓之3
　　　　　電話：02-25865708　傳真：02-25863758
　　　　　郵撥帳號：05625551
　　　　　購書・業務信箱：a4791@ms15.hinet.net
　　　　　投稿・編輯信箱：avanguardbook@gmail.com
　　　　　官方網站：http://www.avanguard.com.tw
出版總監　林文欽
法律顧問　陽光百合律師事務所

總 經 銷　紅螞蟻圖書有限公司
　　　　　11494　臺北市內湖區舊宗路二段121巷19號
　　　　　電話：02-27953656　傳真：02-27954100

出版日期　2023年06月初版一刷
定　　價　新臺幣400元

ISBN：978-626-732-501-8

*請上『前衛出版社』臉書專頁按讚，獲得更多書籍、活動資訊
https://www.facebook.com/AVANGUARDTaiwan

Tainan 黑名

台南黑名〈黃厚銘〉佳里人

現任/
延伸觸角工程設計〉室內設計師
自由時報〉政治漫畫專欄作家

簡歷/
成功大學空專〉約聘美術講師
嘉南藥專〉約聘美術講師
台南社教館〉美術研習講師
台南學苑〉美術研習講師
新台灣週刊〉政治漫畫專欄作家

得獎/
1982 美術設計協會〉平面組理事長獎
1983 中部七縣市美展〉水彩組佳作
1984 全省藝文美展〉國畫組優選
1986 全國漫畫大擂台〉四格組佳作
1988 國防部海報比賽〉漫畫組第一名
2005 台南歸仁文化中心〉美術聯展
2015 教育部校園美感環境再造計畫〉第一名
2016 教育部校園美感環境再造計畫〉第二名
2019 德國 IF design award〉室內設計大獎
2019 義大利 A'design award〉室內設計銀獎
2019 日本 good design〉室內設計入選
2020 英國 LICC design award〉室內設計優選獎
2021 法國 Paris design award〉中醫診所銀獎
2021 法國 Paris design award〉室內設計銀獎
2021 美國 MUSE design award〉室內設計3座銀獎

✉ tainanbw@yahoo.com.tw

facebook Tainan黑名 🔍